Cussinus Origami Sterne

Kennen Sie das? Sie schauen auf eine interessante Hauswand, ein Straßenpflaster oder auf eine Holzvertäfelung und ihr inneres Auge versucht sofort Regelmäßigkeiten zu entdecken und vorhandene Strukturen in Quadrate, Dreiecke oder Rechtecke zu zerlegen? Offensichtlich spielt der menschliche Geist gerne mit geometrischen Formen und liebt es, Symmetrien zu entdecken. Eben diese Veranlagung war es wohl auch, die meinen Freund und Origami-Kollegen Ralf Konrad zur Faltung von Weihnachtssternen inspirierte, als ihm vor Jahren in einem Geschäft ein goldglänzendes Papier ins Auge fiel. Um sein Wunschziel eines dreidimensional gefalteten Sterns zu verwirklichen, experimentierte er mit einigen Falt-Grundformen des bekannten Pädagogen Friedrich Fröbel.

Als Meister seines Fachs hatte er schon bald Erfolg und hielt einen vierzackigen Stern in den Händen. Das Geometrie-Spiel hatte begonnen. Was mit einem quadratischen Stück Papier klappte, sollte auch mit anderen Ausgangsformaten funktionieren. So entstanden Varianten mit sechs oder acht Spitzen. Seit dieser Zeit schmücken jedes Jahr selbst gefaltete Sterne seinen Weihnachtsbaum. Vielleicht ja auch bald den Ihrigen.

Lassen Sie sich mit diesem Buch von der Freude am Falten und der Wunderwelt der Geometrie verführen und inspirieren.

Stefan Delecat

Material, Tipps und Tricks

Material

Geeignet sind Papiere mit einer Grammatur zwischen 70-100g. Bei einer Papierstärke ab 70g sind die Formate 15x15cm und 20x20cm möglich. Das stärkere 100g Papier sollte nur im Format 20x20cm verwendet werden.

Einfarbige Papiere mit einer Struktur oder Prägung wirken sehr edel. Bei Dekor Papieren, die ein mittiges Motiv aufweisen, entstehen überraschende Effekte. Achten Sie bei der Papierauswahl darauf, dass die Farbe beim Falten nicht bricht.

Hilfsmittel

Die Faltungen müssen bei diesen Sternen sehr scharf ausgeführt werden, damit das Aufblasen der Modelle richtig funktioniert. Es ist deshalb ratsam alle Faltungen mit einem Falzbein auszuführen.

Die Sterne werden aufgeblasen, um die 3D Form zu erhalten. Wenn sich dabei die Rauten nicht gut darstellen, kann mit einem Holzstäbchen nachgeholfen werden.

Wer keine Lust zum Aufblasen hat, kann auch gleich den 3D Stern mit einem Holzstäbchen formen. Das Stäbchen wird dabei nur bis zum Beginn der Raute nach innen geschoben.

Den Faden zum Aufhängen entweder von innen während der Herstellung, oder nachträglich von außen durch die Spitze ziehen.

Sternmuffins

Sterne zum Essen erhält man, wenn die Modelle aus diesem Buch mit Backpapier gefaltet werden.

1. Backpapier in 3-D-Struktur beidseitig beschichtet.
2. Der Teig sollte die Konsistenz von flüssigem Honig besitzen.
3. Für einen Stern aus 15x15 cm Papier benötigt man etwa 30g Teigmasse. Zu viel Teig drückt den Stern beim Backen auseinander.

Die fertig gebackenen Sternmuffins können noch mit Backpapier umhüllt serviert werden. Als dekorativer Leckerbissen braucht man sie nur auspacken und genießen.

Symbole

Talfalte - geschlossener Pfeil

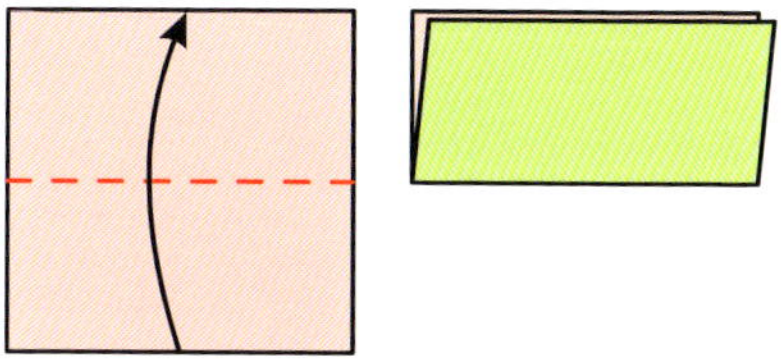

Bergfalte - offener Pfeil

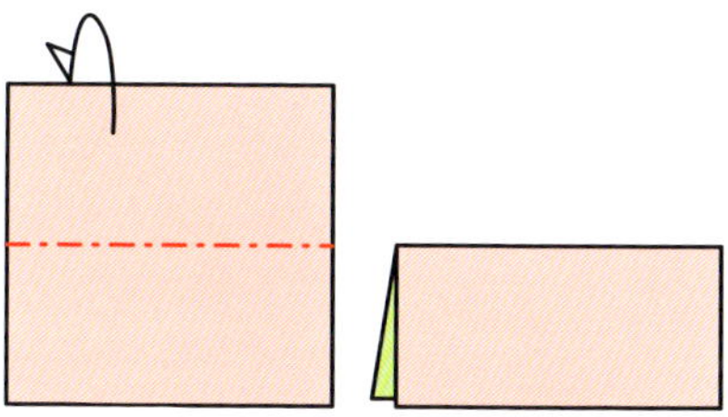

Falten, wieder öffnen.

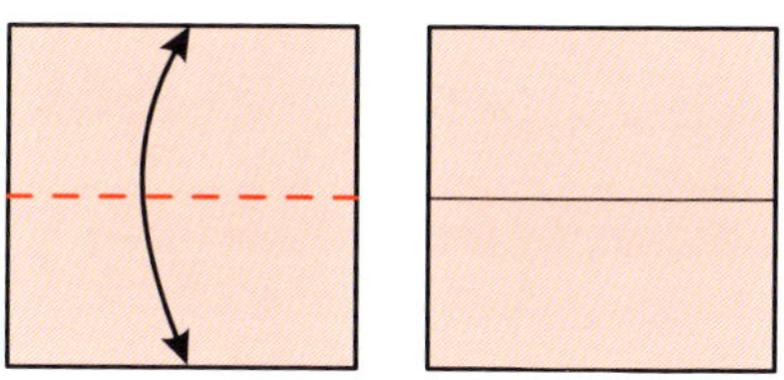

Gefaltetes Teil nach außen ziehen, siehe nächste Zeichnung.

Papier drehen, siehe nächstes Diagramm.

Arbeitsschritte an einer anderen Stelle wiederholen.

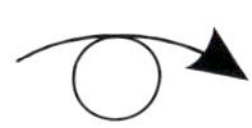

Rückseite nach oben legen.

Ansicht der Zeichnung, vergrößert oder verkleinert.

Eindrücken und glatt falten.

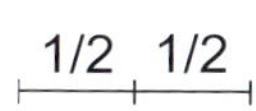

Papier in gleiche Teile einteilen.

Papier nach innen falten.

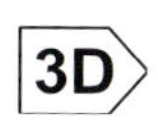

Nächste Zeichnung 3D.

Einschneiden oder abschneiden.

Aufblasen.

Hilfsmittel

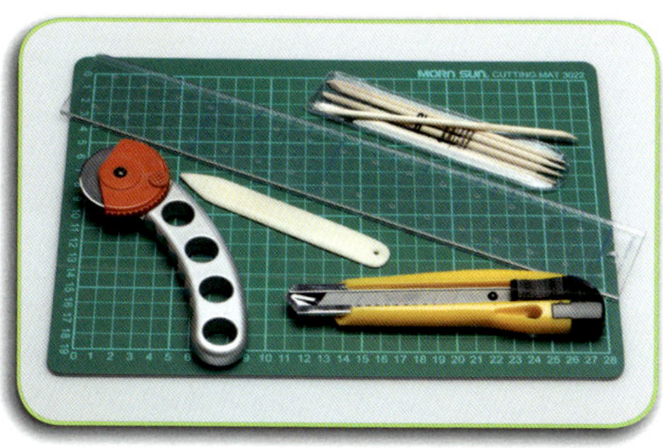

Viereck Stern

MATERIAL

Es können Dekorpapiere sowie Uni Color Papiere verwendet werden, siehe auch Erklärung auf Seite 4. Die Seite mit dem Muster muss oben liegen.
Papier 15 x 15 cm / Stern Ø 10 cm
Papier 20 x 20 cm / Stern Ø 13 cm

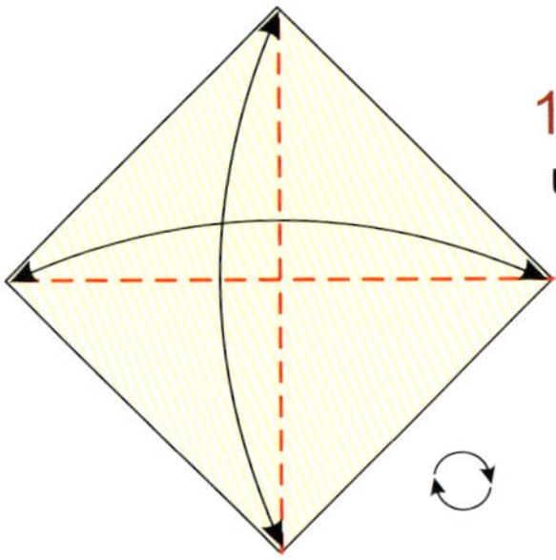

1. Waagerechte und senkrechte Linie jeweils falten, wieder öffnen. Blatt drehen.

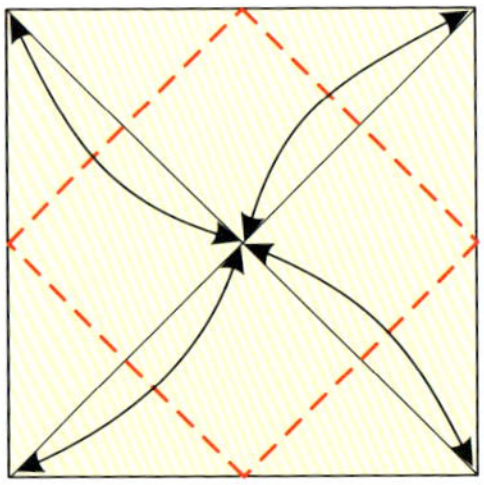

2. Alle vier Ecken zur Mitte falten, wieder öffnen. Rückseite nach oben legen.

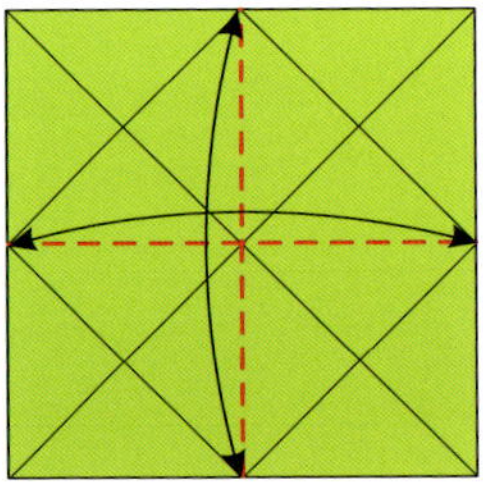

3. Waagerechte und senkrechte Linie jeweils falten, wieder öffnen.

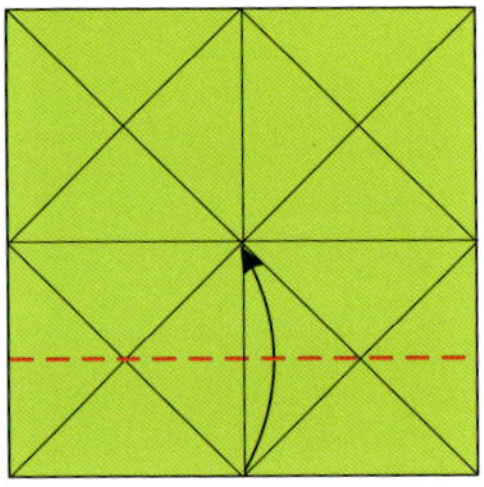

4. Waagerechte Linie an die Mitte falten, liegen lassen. Rückseite nach oben legen.

5. Achtung: Schräge Linie nur bis zur senkrechten Mittellinie falten. Papierkante nach oben an die Linie legen, falten und wieder öffnen.

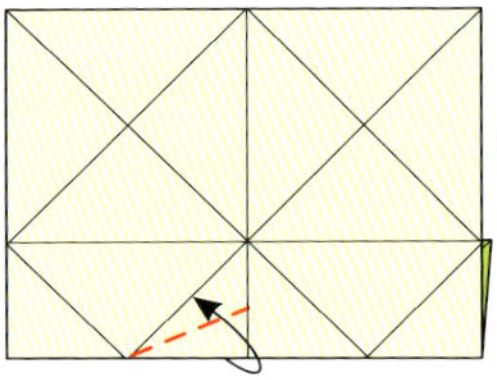

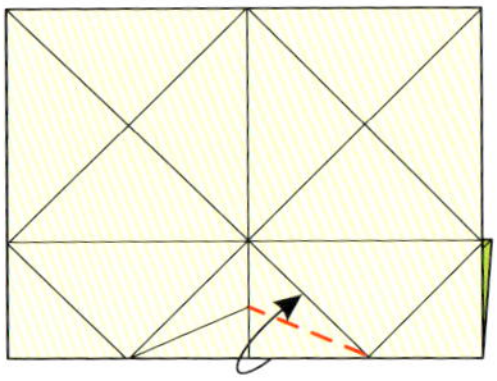

6. Wie bei Nr. 5 beschrieben, Papierkante an die Linie falten, wieder öffnen.

7. Das Faltmodell nach oben zusammen legen.

8. Modell so öffnen.

9. Faltmodell so wieder zusammen legen.

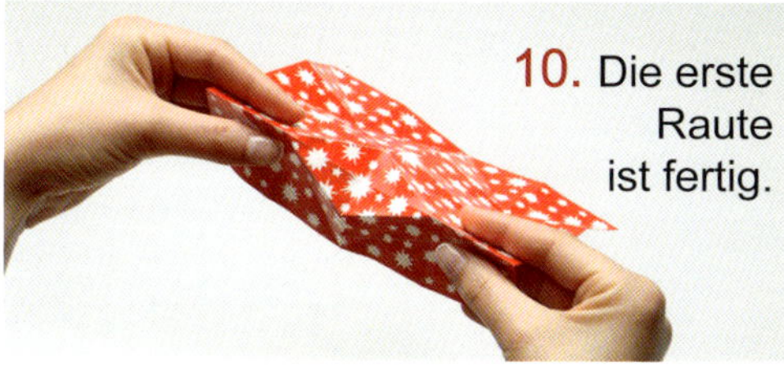

10. Die erste Raute ist fertig.

11. Faltblatt im Uhrzeigersinn drehen, siehe auch Nr. 12.

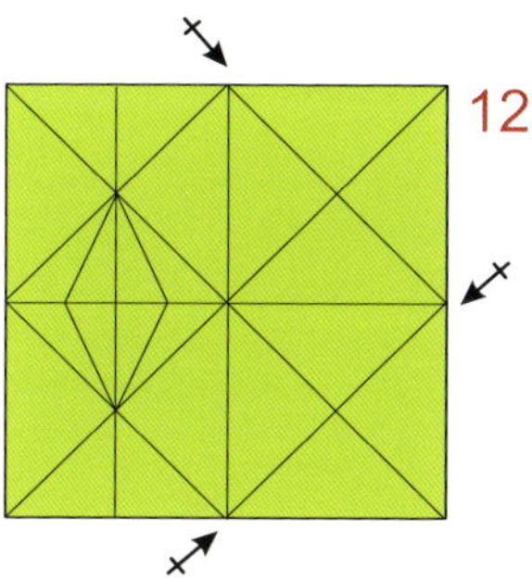

12. Die Schritte von Nr. 4 bis Nr.10 noch dreimal wiederholen, siehe auch Nr. 13.

13. Alle vier Rauten sind fertig.

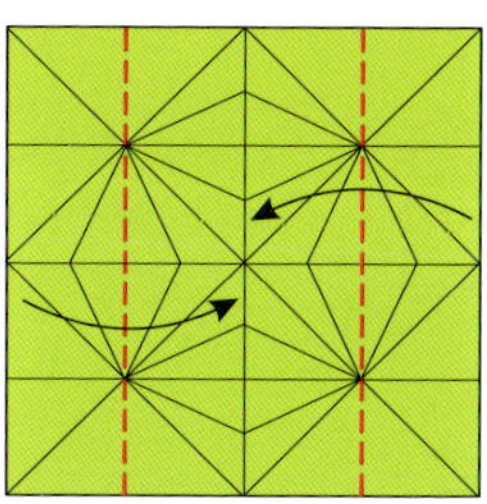

14. Senkrechte Linien an die Mitte falten, liegen lassen.

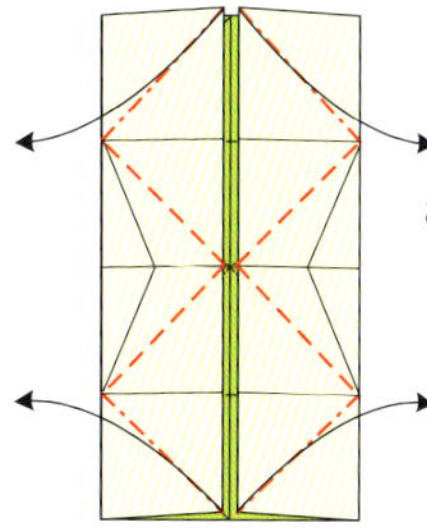

15. Papierecken an den Talfalten nach außen legen, siehe Pfeile, liegen lassen.

16. Alle vier Bergfalten an die Papierkanten legen, siehe Pfeile, liegen lassen.

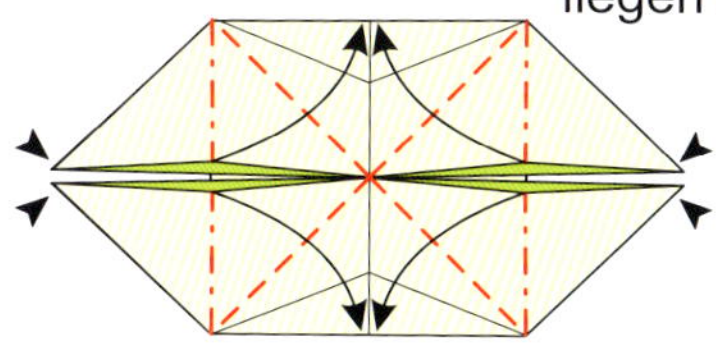

17. Ecke der oberen Papierlage nach links legen, siehe Pfeil.

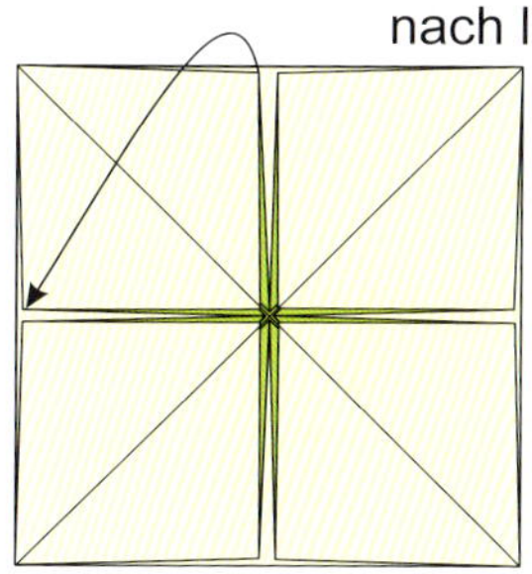

18. Mit der oberen Papierlage Linie nach rechts falten, siehe Pfeil, dabei ca. 2 mm Abstand halten.

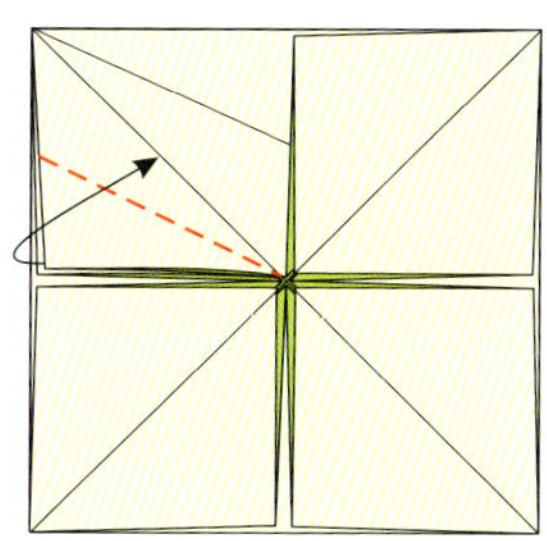

19. Nochmals mit der der oberen Papierlage Linie nach rechts falten, siehe Pfeil, dabei auch ca. 2 mm Abstand halten.

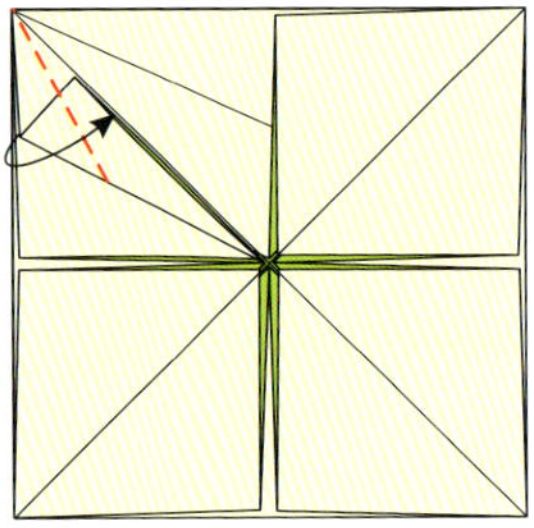

20. Die gefaltete Papierlage wieder zurück legen, siehe Pfeil.

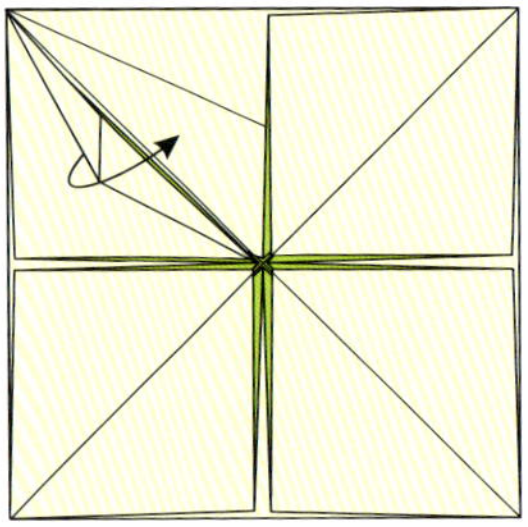

21. Die Schritte von Nr. 17 bis Nr. 20 noch siebenmal wiederholen, siehe Pfeile.

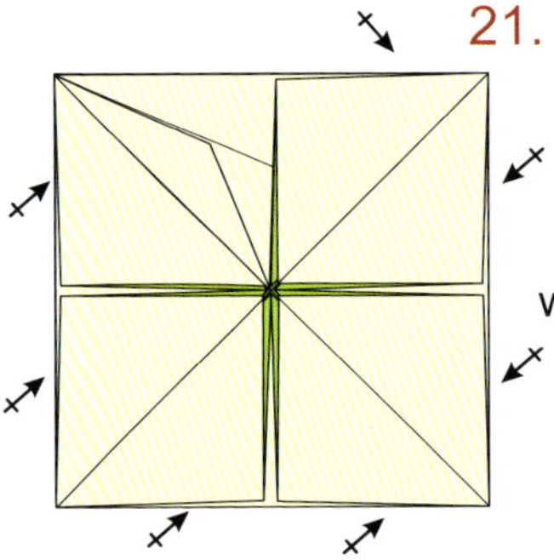

22. Fertiges flaches Modell, siehe auch Foto.

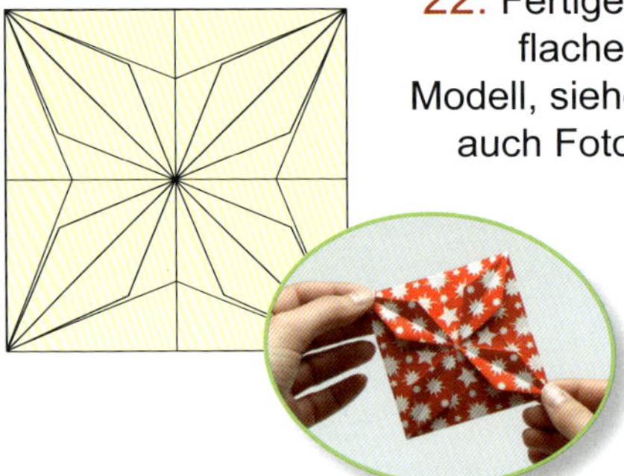

23. Modell in die Hand nehmen, blasen und zwei Rauten dabei eindrücken, siehe Foto.

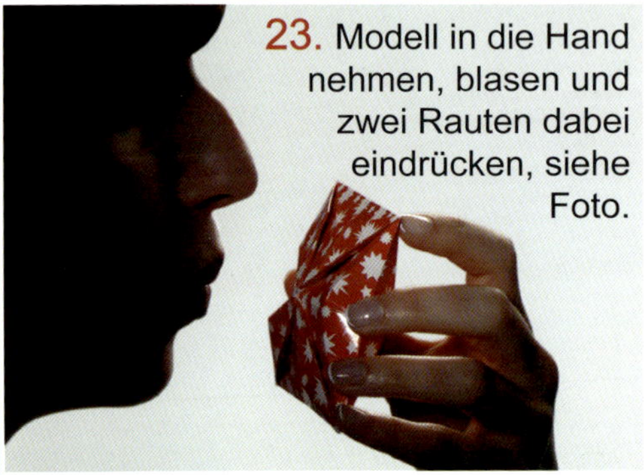

24. Modell drehen und wie bei Nr. 23 erklärt, wiederholen, siehe Foto.

25. Fertiges aufgeblasenes Modell, siehe Foto.

26. Wenn der Stern aufgehängt werden soll, an der Spitze einen Faden anbringen.

Sechseck Stern

MATERIAL

Es können Dekorpapiere sowie Uni Color Papiere verwendet werden, siehe auch Erklärung auf Seite 4. Die Seite mit dem Muster muss oben liegen.
Papier 15 x 15 cm / Stern Ø 6,75 cm
Papier 20 x 20 cm / Stern Ø 10,5 cm

Schritte vom Quadrat zum Sechseck

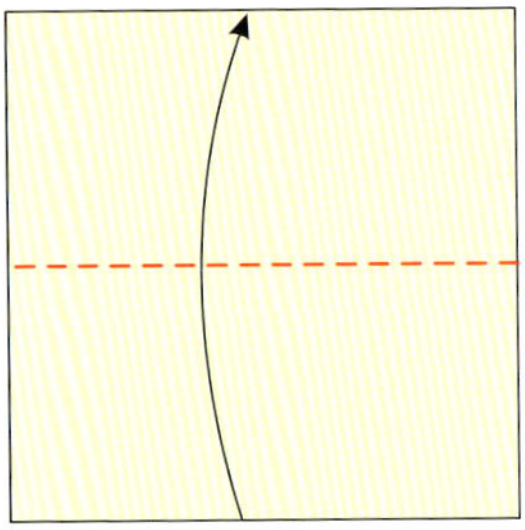

1. Linie falten, liegen lassen.

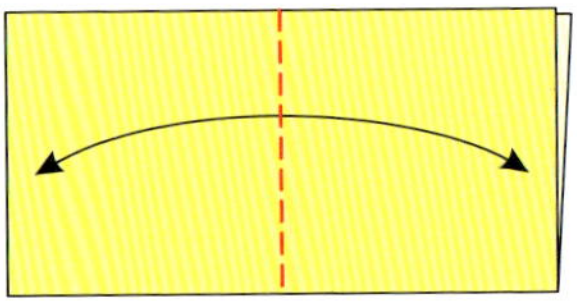

2. Linie falten, wieder öffnen.

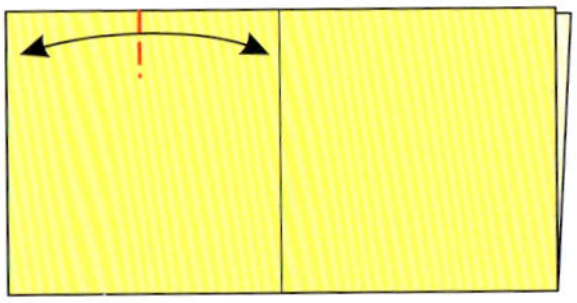

3. Markierung anbringen.

4. Rechte untere Ecke an die Markierung falten, liegen lassen.

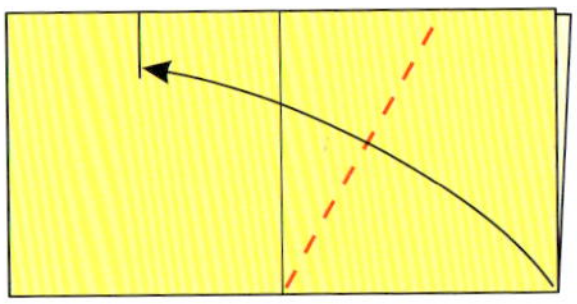

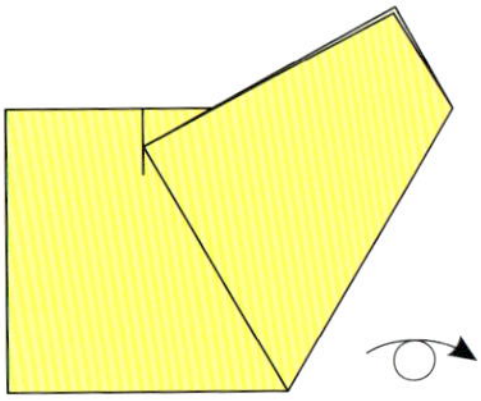

5. Rückseite nach oben legen.

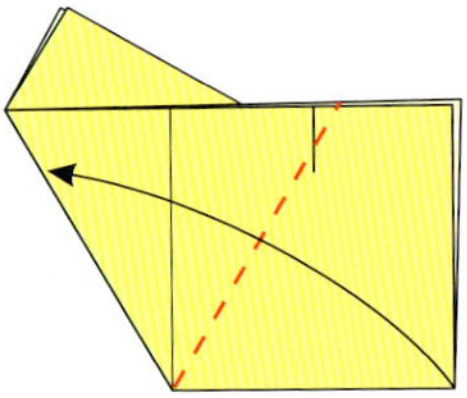

6. Rechte untere Ecke an die Papierkante falten, liegen lassen.

7. Eine Linie zwischen den beiden Papierecken auf der Vorder- und Rückseite zeichnen. An dieser Linie die oberen Spitzen abschneiden.

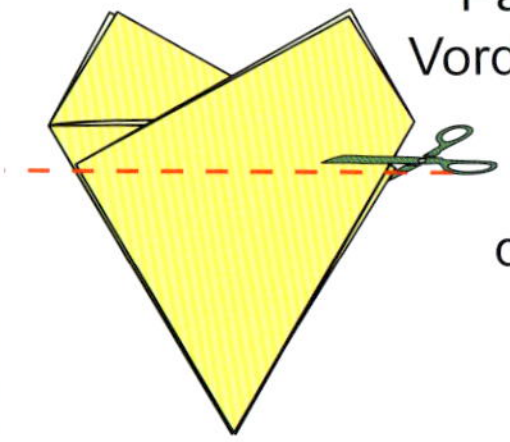

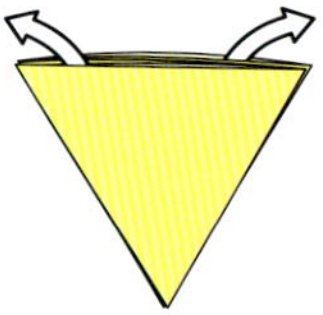

8. Papier wieder komplett öffnen.

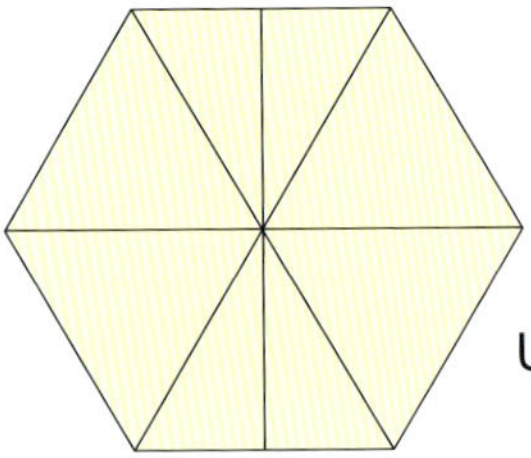

9. Fertiges Sechseck. Da das Papier bei Nr. 7 sechslagig ist, kann es zu Ungenauigkeiten kommen.

2. Möglichkeit

Schritte vom Quadrat zum Sechseck

7. Beginn Seite 12 bis Nr. 6. Dann eine Linie zwischen den beiden Papierecken auf der Vorderseite zeichnen. Rückseite nach oben legen. Wieder eine Linie zwischen den beiden Papierecken zeichnen, dabei kräftig aufdrücken.

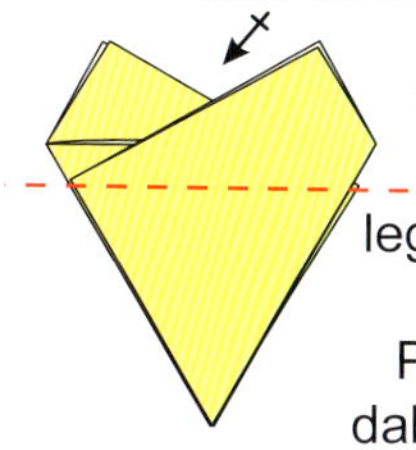

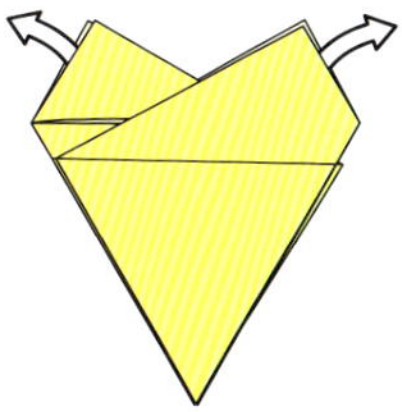

8. Das Papier komplett öffnen.

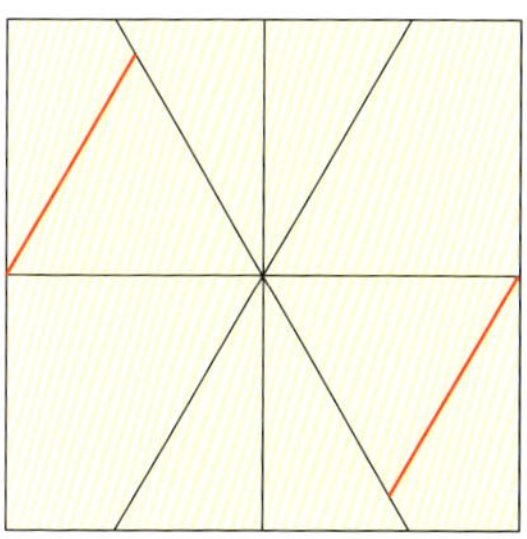

9. Die beiden roten Linien sind vorhanden.

10. Durch den kräftigen Druck beim Zeichnen der Linie von Nr. 7, hat sich eine Markierung gebildet. An dieser Stelle gestrichelte rote Linie zeichnen.

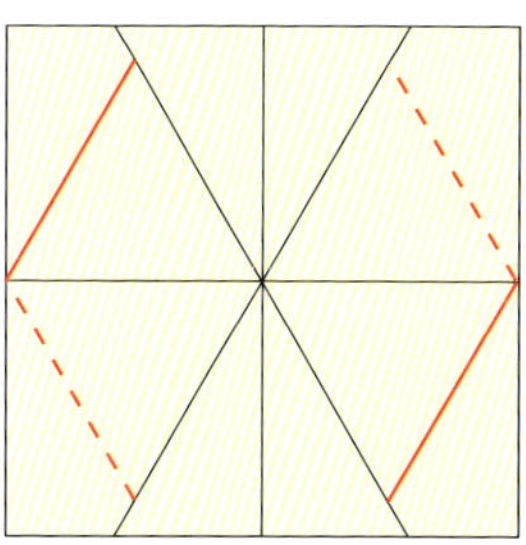

11. Oben und unten die gestrichelten roten Linien zeichnen.

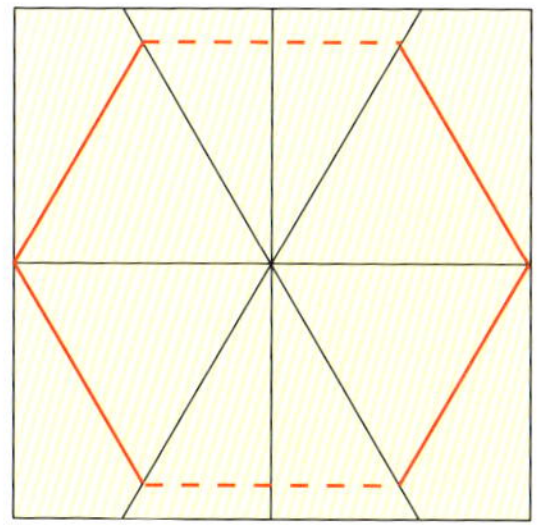

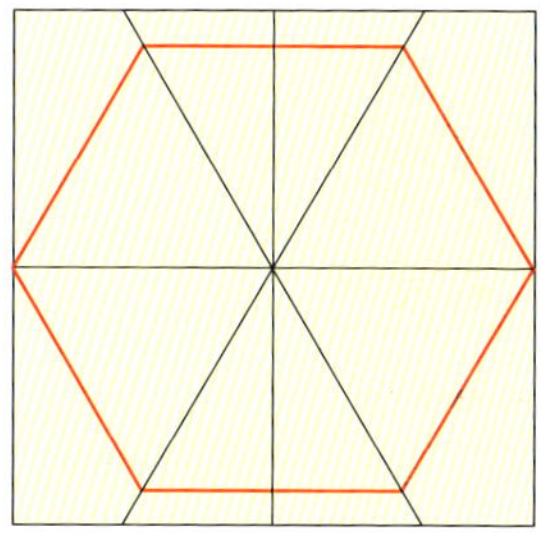

12. Lineal entlang der roten Linie legen und mit einem Cuttermesser schneiden.

13. Es ist auch möglich mit einer Schablone aus Pappe zu arbeiten, aber auch hier muss mit einem Messer geschnitten werden.

14. Fertiges Sechseck.

1. Vorhandene Linien jeweils einzeln nochmals nachfalten und wieder öffnen. Rückseite nach oben legen und drehen.

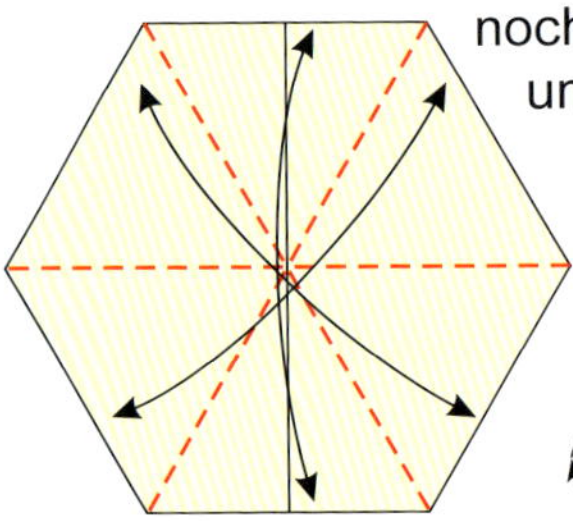

2. Die Linien wieder jeweils einzeln falten und öffnen. Modell wieder drehen.

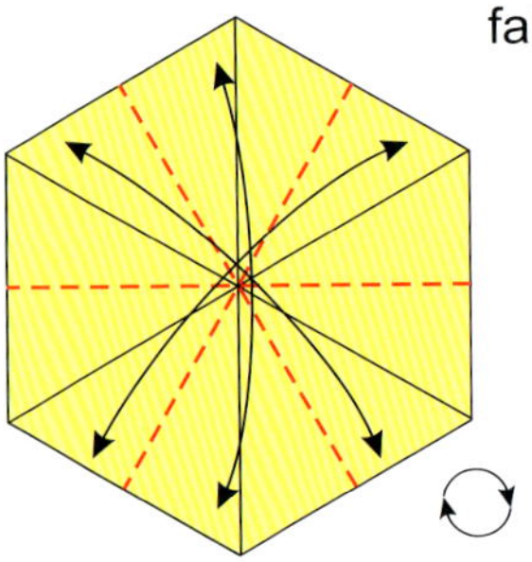

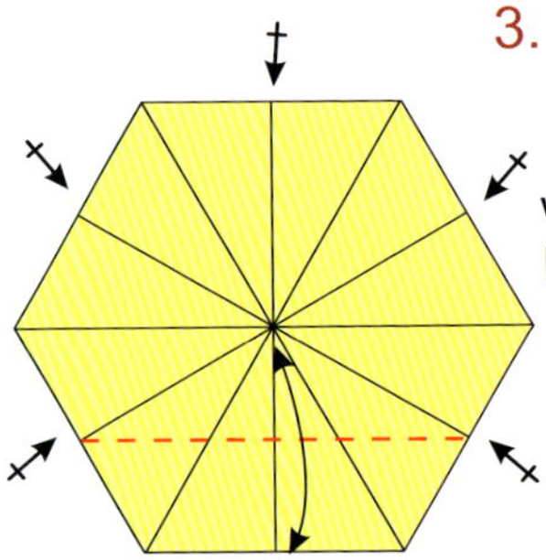

3. Waagerechte Linie an die Mitte falten, wieder öffnen. Diesen Schritt noch fünfmal wiederholen.

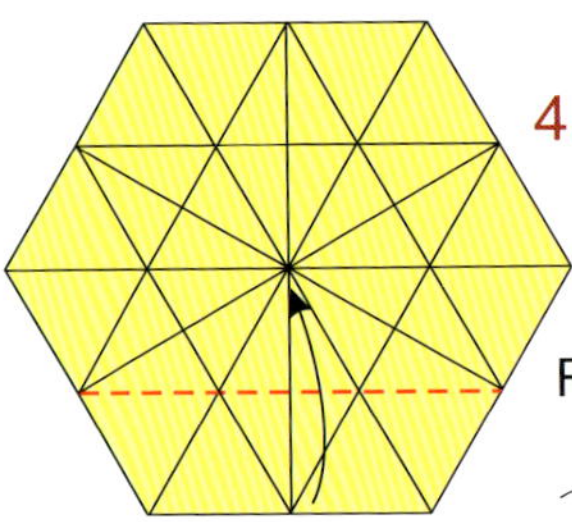

4. Waagerechte Linie an die Mitte falten, liegen lassen. Rückseite nach oben legen.

5. Achtung: Schräge Linie nur bis zur senkrechten Mittellinie falten. Papierkante nach oben an die Linie legen, falten und wieder öffnen.

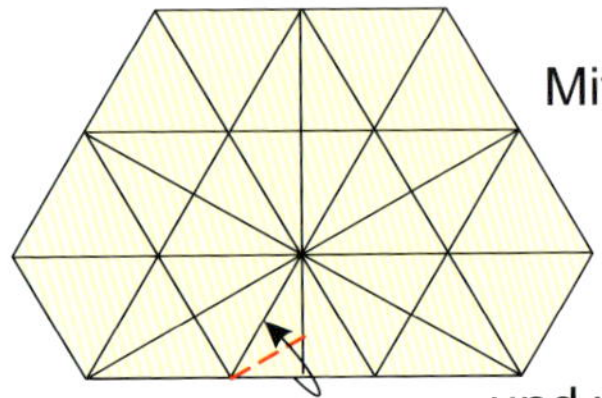

6. Wie bei Nr. 5 beschrieben, Papierkante an die Linie falten, wieder öffnen.

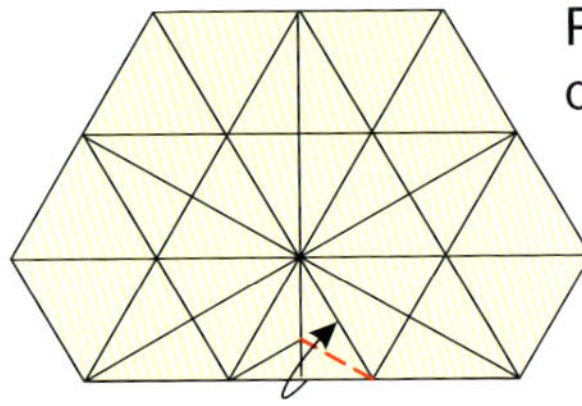

7. Das Faltmodell nach oben zusammen legen.

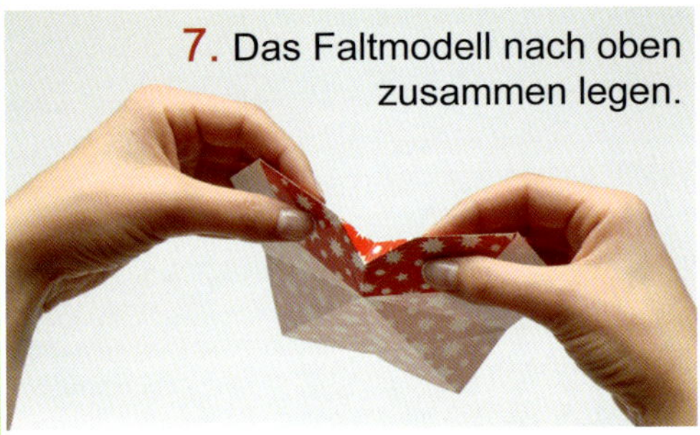

8. Modell so öffnen.

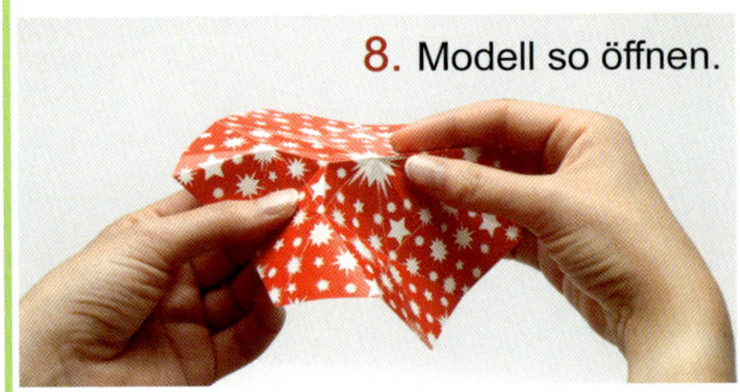

9. Faltmodell so wieder zusammen legen.

10. Die erste Raute ist fertig.

11. Faltblatt im Uhrzeigersinn drehen, siehe auch Nr. 12.

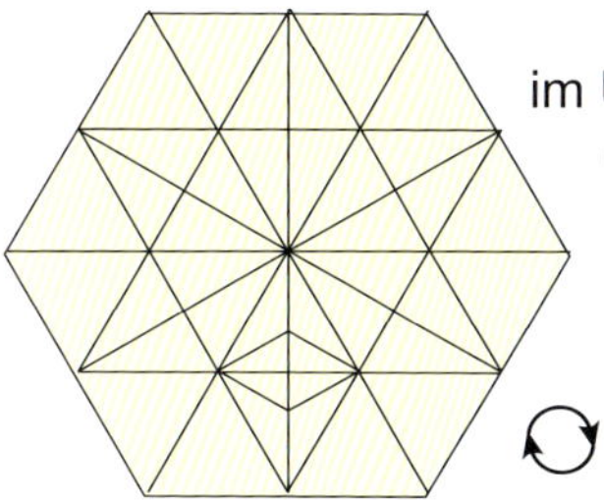

12. Die Schritte von Nr. 4 bis Nr.10 noch fünfmal wiederholen, siehe auch Nr. 13.

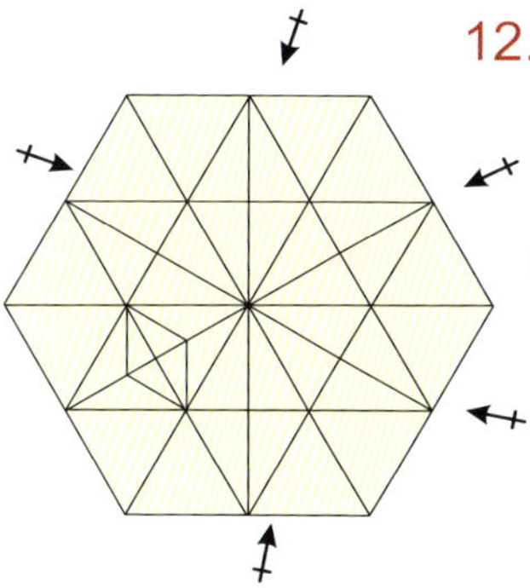

13. Alle sechs Rauten sind fertig. Rückseite nach oben legen.

14. Linie an die Mitte falten, wieder öffnen. An den anderen Spitzen, siehe Pfeile, wiederholen.

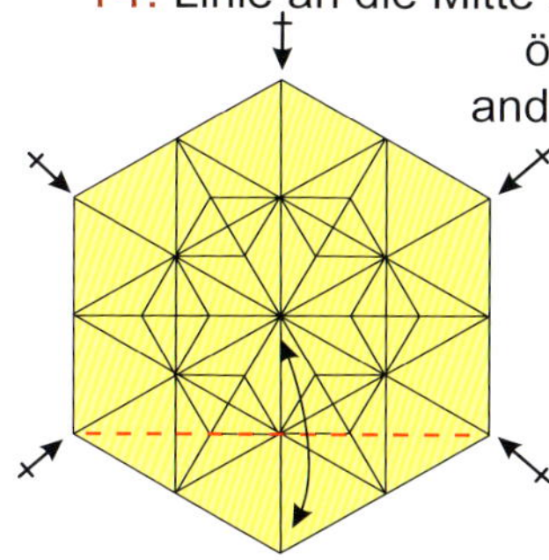

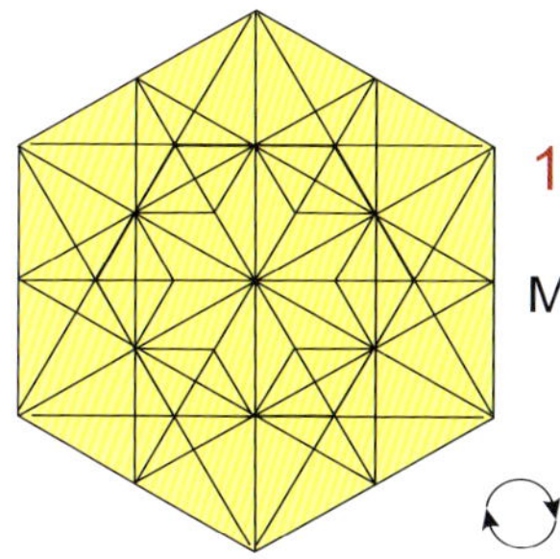

15. Alle Linien sind gefaltet, Modell drehen.

16. Papierkante nach oben legen, liegen lassen.

17. Nach links drehen und wieder die Kante nach oben legen.

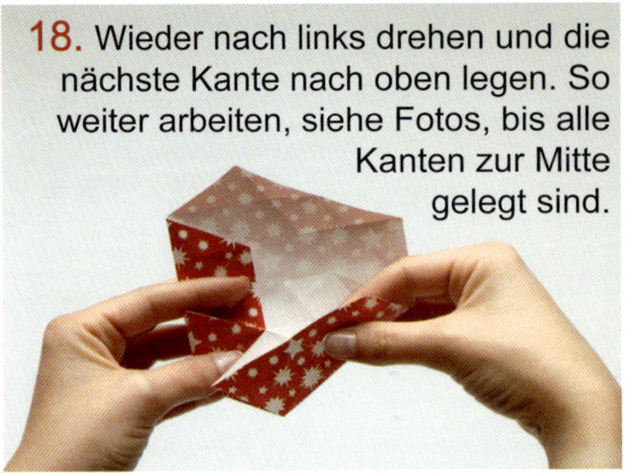

18. Wieder nach links drehen und die nächste Kante nach oben legen. So weiter arbeiten, siehe Fotos, bis alle Kanten zur Mitte gelegt sind.

19. Alle Kanten sind zur Mitte gelegt.

20. Spitze nach unten flachlegen.

21. Ein Falzbein ist dabei hilfreich.

22. Die Spitze muss immer in der Mitte liegen.

23. Rechts und links die Papierkanten falten.

24. Ecke an der vorhandenen Linie nach unten legen.

25. Den Schritt Nr. 24 an der linken Seite wiederholen.

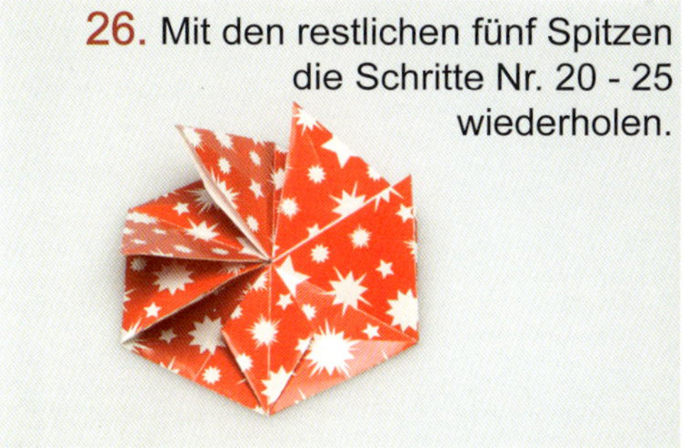
26. Mit den restlichen fünf Spitzen die Schritte Nr. 20 - 25 wiederholen.

27. Fertiges flaches Modell.

28. Ins Modell blasen, zwei Rauten dabei eindrücken, siehe Foto.

29. Modell drehen und wie bei Nr. 28 erklärt, wiederholen.

30. Modell drehen und wie bei Nr. 28 erklärt, wiederholen.

31. Fertiges aufgeblasenes Modell, siehe Foto.

Achteck Stern

MATERIAL

Es können Dekorpapiere sowie Uni Color Papiere verwendet werden, siehe auch Erklärung auf Seite 4. Die Seite mit dem Muster muss oben liegen.
Papier 15 x 15 cm / Stern Ø 7,35 cm
Papier 20 x 20 cm / Stern Ø 9,80 cm

Schritte vom Quadrat zum Achteck

1. Beide Linien falten, wieder öffnen. Rückseite nach oben legen.

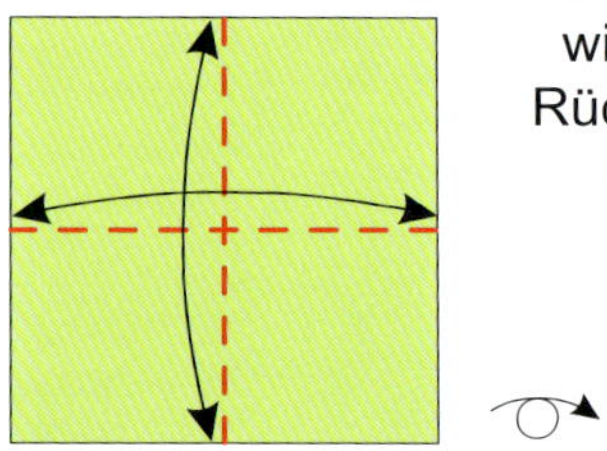

2. Beide Linien falten, wieder öffnen. Rückseite nach oben legen.

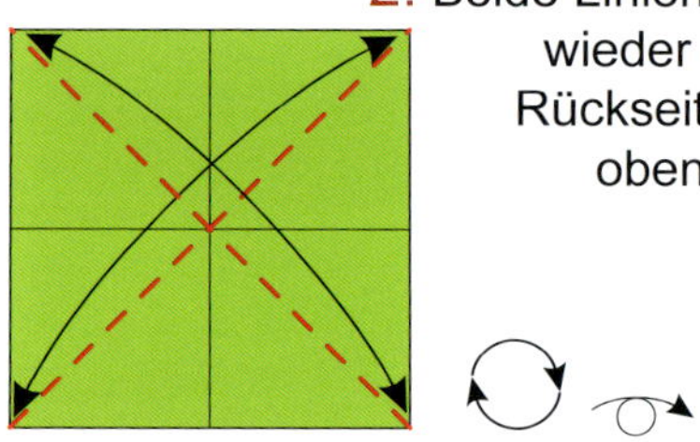

3. Seitliche Ecken nach oben legen, siehe Pfeile, liegen lassen.

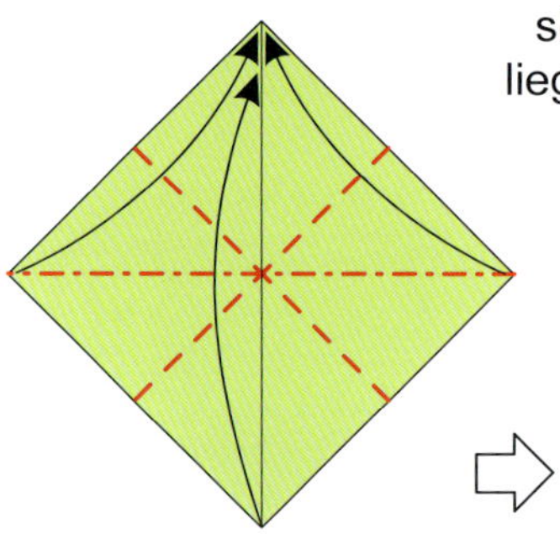

4. Bergfalte nach rechts falten, dabei die Ecke flach drücken.

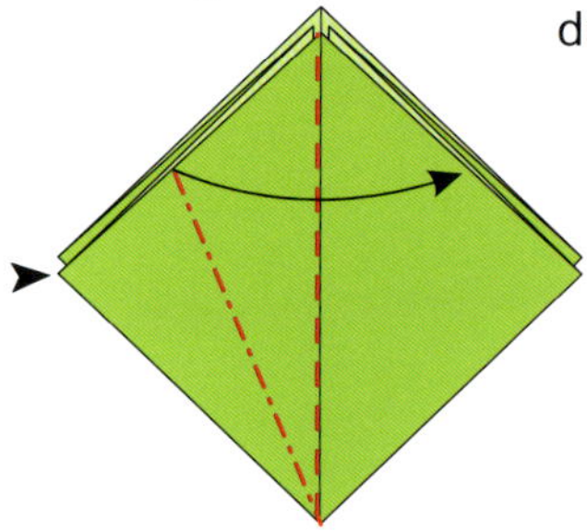

5. Mit den anderen drei Ecken den Schritt Nr. 4 wiederholen.

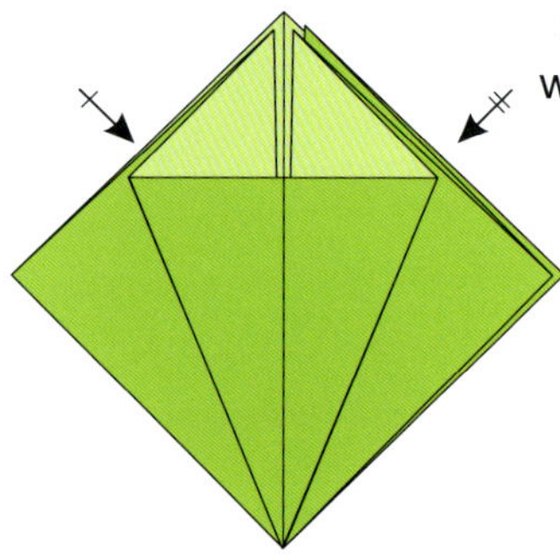

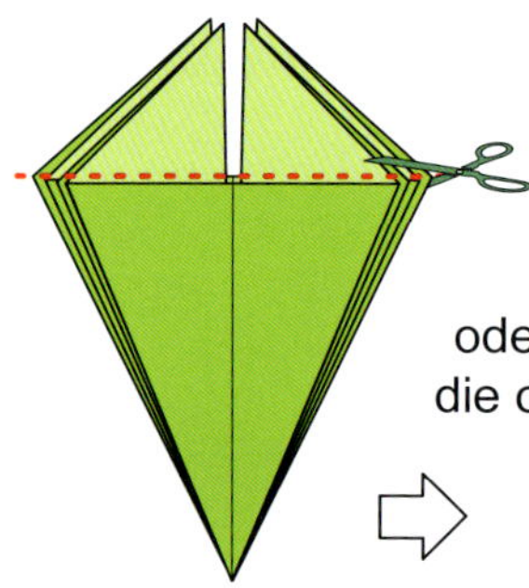

6. An der roten Linie mit einem Cuttermesser oder einer Schere die oberen Spitzen abschneiden.

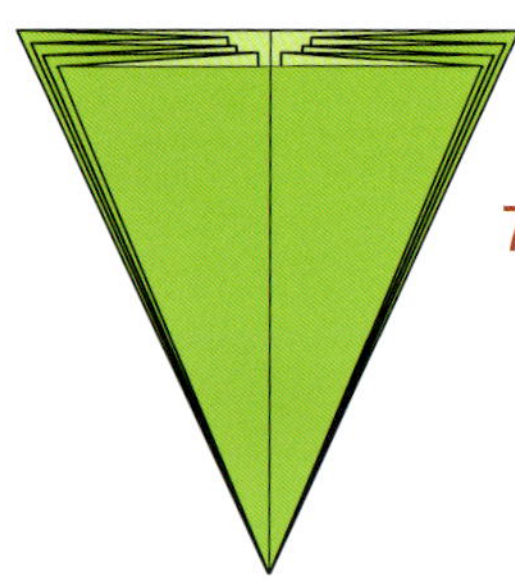

7. Modell öffnen, siehe Fotos.

8. So in die Hand nehmen und öffnen.

9. Papier wenden.

10. Mittleren Knick falten.

11. Es ist auch möglich, mit einer Schablone aus Pappe das Achteck zu schneiden.

12. Waagerechte Linie an die Mitte falten, wieder öffnen. Diesen Schritt noch siebenmal wiederholen, siehe Pfeile.

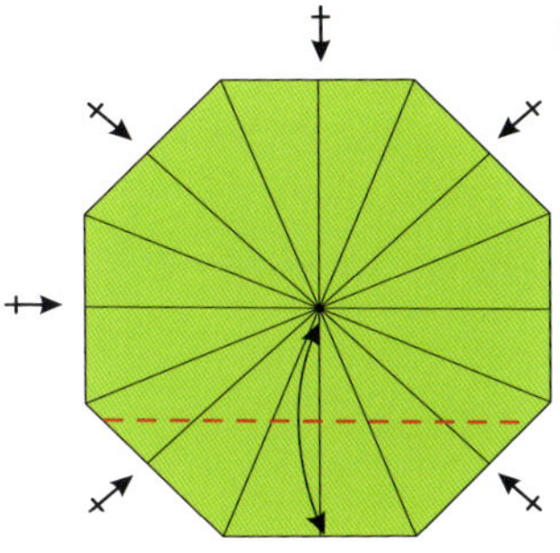

13. Waagerechte Linie an die Mitte falten, liegen lassen. Rückseite nach oben legen.

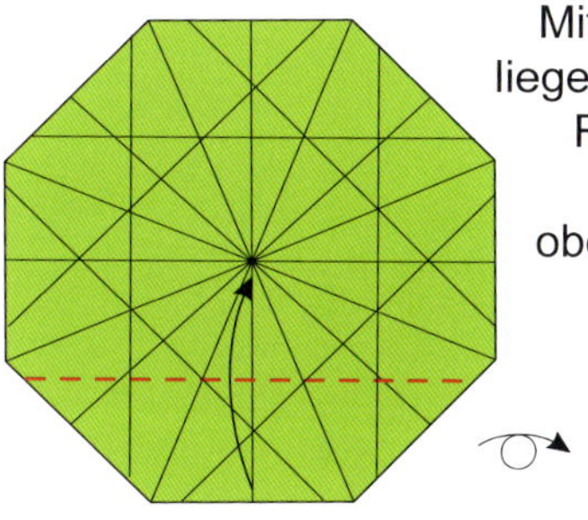

14. Achtung: Schräge Linie nur bis zur senkrechten Mittellinie falten. Papierkante nach oben an die Linie legen, falten und wieder öffnen.

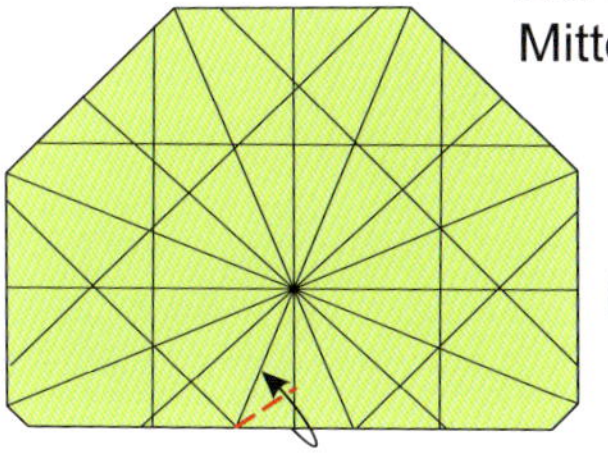

15. Wie bei Nr. 14 beschrieben, Papierkante an die Linie falten, wieder öffnen.

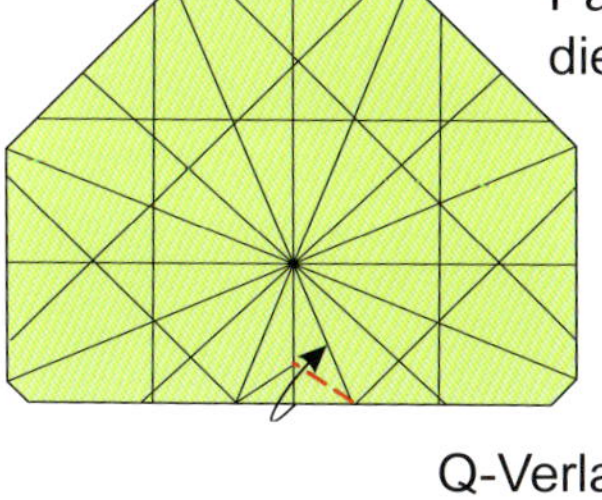

16. Modell nach oben zusammen legen.

17. Modell öffnen und so wieder zusammen legen.

18. Die erste Raute ist fertig.

19. Faltblatt im Uhrzeigersinn drehen, siehe auch Nr. 20.

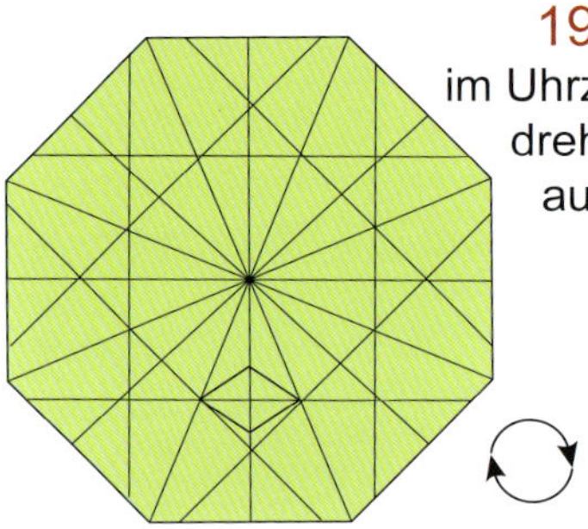

20. Die Faltschritte von Nr. 13 bis Nr. 18 noch siebenmal wiederholen, siehe Pfeile.

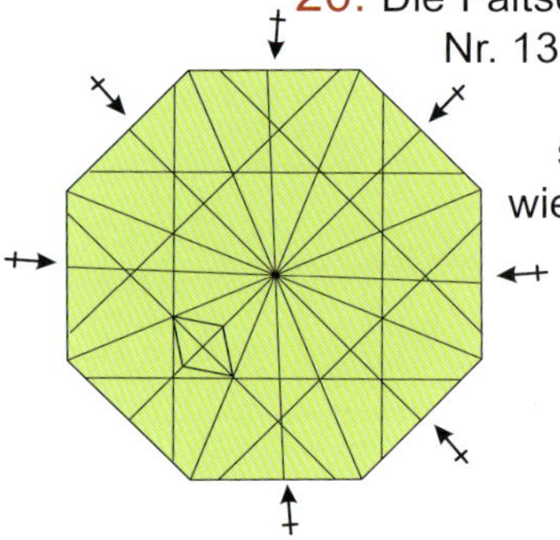

21. Alle acht Rauten sind fertig. Rückseite nach oben legen.

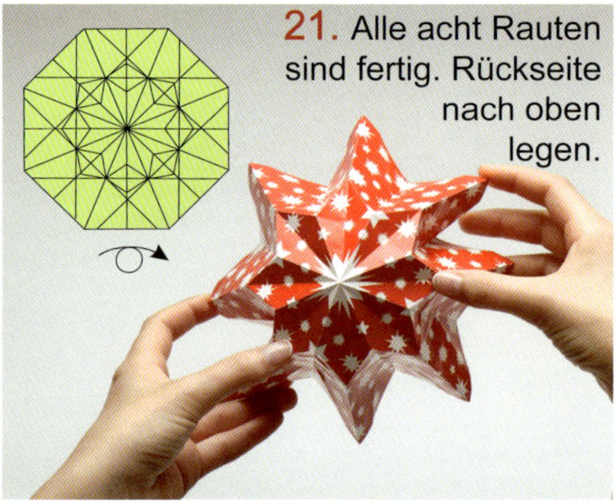

22. Die untere Kante zur Mitte legen, liegen lassen.

23. Nach links drehen und wieder die Kante zur Mitte legen.

24. Mittlere Spitze aufstellen.

25. Spitze nach rechts falten.

26. Spitze nach links falten, liegen lassen.

27. Zweite Spitze falten, wie von Nr. 23 bis Nr. 26 gezeigt.

28. Vier Spitzen sind gefaltet.

29. Fünf Spitzen sind gefaltet.

30. Vier Spitzen wurden wieder geöffnet, um die restlichen drei Spitzen zu falten.

31. Eine weitere Spitze ist gefaltet.

32. Die restlichen Spitzen sind gefaltet.

33. Die geöffneten Spitzen wieder zurücklegen.

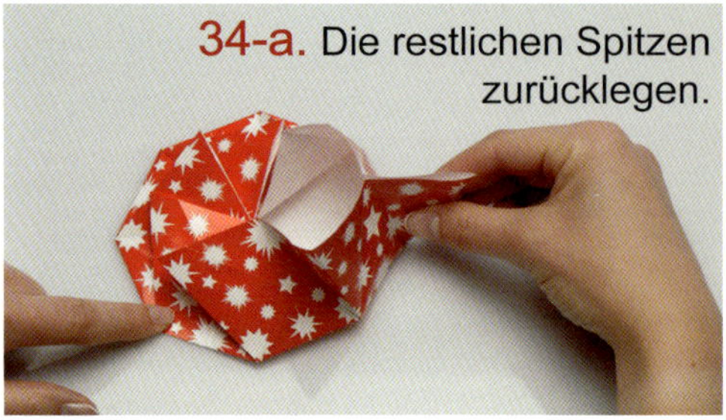

34-a. Die restlichen Spitzen zurücklegen.

34-b.

35. Alle Spitzen wurden zurückgelegt und liegen im Uhrzeigersinn.

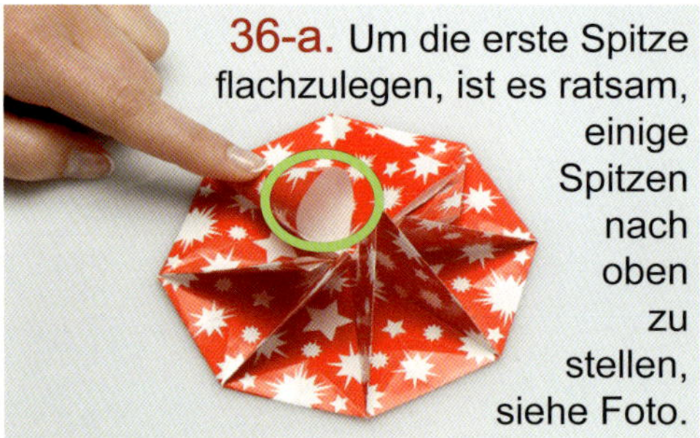

36-a. Um die erste Spitze flachzulegen, ist es ratsam, einige Spitzen nach oben zu stellen, siehe Foto.

36-b.

37. Die Spitze muss immer in der Mitte liegen.

38. Den linken Teil der Spitze nun nach rechts legen.

39. Ecke nach links falten, liegen lassen.

40. Den linken Teil der Spitze wieder zurück legen.

41. Den rechten Teil der Spitze so falten, wie von Nr. 38 bis Nr. 40 gezeigt.

42. Zwei Spitzen sind fertig gefaltet und liegen etwas übereinander.

43. Fertiges flaches Modell, alle Spitzen sind fertig gefaltet und liegen etwas übereinander.

44. Ins Modell blasen, zwei Rauten dabei eindrücken, siehe Foto.

45. Modell drehen und wie bei Nr. 44 erklärt, wiederholen.

46. Modell nochmals drehen und wie bei Nr. 44 erklärt, wiederholen.

47. Modell abermals drehen und wie bei Nr. 44 erklärt, wiederholen.

48. Fertiges aufgeblasenes Modell, siehe Foto.

Origami Biografie des Autors

Schon als Kind begann ich mit Papier zu falten und lernte die traditionellen Modelle wie Himmel&Hölle, Papierboote oder Papierhüte. Dann interessierte ich mich viele Jahre für andere Dinge. Im Jahr 1993, auf meiner ersten Reise nach Paris, besuchte ich mit Freunden unter anderem eine Origamiausstellung, wo ich viele filigran gefaltete Papierinsekten bewundern konnte. Diese Eindrücke sind noch so präsent, als wenn es gestern gewesen wäre und sie ließen mich nicht mehr los.

Ab Februar 1998 begann ich dann wieder aktiv zu werden. Eigentlich suchte ich ein kreatives Geschenk. So besuchte ich verschiedene Homepages im Internet und fand dabei wunderschöne Anleitungen von Tomoko Fuse auf der Seite von Glenda Scott. Schon am nächsten Tag begann ich Papier zurecht zu schneiden und zu falten.

Der Wunsch, auch andere Modelle zu falten, erwachte schnell und so kaufte ich mir die ersten Origamibücher und surfte weiter im Internet. Nach einem gründlichen Studium der Techniken des Origami, entwickelte ich bald auch eigene Modelle. Zum Ende des Millenniums arbeitete ich an meiner eigenen Homepage, die ich am 31.12.1999 online stellte. Auf Grund meiner Homepage -www.origami-online.de- hatte ich alsbald Kontakt zu anderen Origamifaltern und auch zum Verein Origami Deutschland bekommen.

Einen Origamikongress besuchte ich zum ersten Mal im Sommer 2000 in Hohenwart. Auf diesem Treffen lernte ich u.a. Paul Jackson kennen. In einigen interessanten Gesprächen erzählte er über verschiedene Aspekte und Methoden des Origami. Ich denke, dass seine Ideen und Ansichten einen wesentlichen Einfluss auf meine weiteren Origami Aktivitäten hatten. Zu dieser Zeit begann ich mich auch mit der Tessellation Technik zu befassen und fand auf der Homepage von Alex Bateman die ersten interessanten Anleitungen. Diese Kreationen fesseln mich bis heute, denn es ist ein riesiges Feld an Möglichkeiten. In der Folge begann ich auch eigene Modelle zu entwickeln.

Im Dezember 2006 wurde ich zur 24. Internationalen Convention der Centro Diffusione Origami nach Italien eingeladen. Dort lernte ich viele internationale Origamikünstler kennen. Einer der interessantesten Persönlichkeiten war Eric Gjerde aus den USA. Er plante ein Buch über die Tessellation Technik zu schreiben. Seine Einladung, mit einem meiner eigenen Modelle an seinem Buch mit zu wirken, nahm ich gerne an. Inzwischen gibt es mehrere Publikationen meiner Modelle in Zeitschriften und Büchern im In- und Ausland. Hier ist nun mein erstes eigenes Büchlein.

Ralf Konrad

Papierempfehlung

Danksagung

Auf diesem Wege bedanke ich mich bei der Firma nice papers für die Bereitstellung der Papiere, die in diesem Buch verwendet wurden. Mein besonderer Dank gilt Anja Markiewicz für ihre professionelle Arbeit als Foto- und Handmodell. Kornelia Gutsche danke ich für die allseitige tatkräftige Unterstützung und ihren unermüdlichen Fleiß. Meinem Freund Stefan Delecat möchte ich für die vielen guten Anregungen und für das Vorwort danken.

In diesem Buch wurden Papiere der Marke Paper Frog verwendet, die im Fachhandel erhältlich sind.

Sollte Ihr Händler diese Papiere nicht führen, können Sie diese auch über den Internetshop www.paperfrog.de beziehen.

Bildquellennachweis

Seite 19 (oben), © Michael Hahn - Fotolia.com
Seite 29 (unten), © Hans-Peter Reichartz - Fotolia.com
(Montage jeweils vom Q-Verlag Berlin)

Alle anderen Fotografien wurden von der Firma Bildwerk, www.Bildwerk-Berlin.de gemacht.